Pompéi

casterman

Sommaire

4

Introduction

Fais un effort d'imagination : tu te trouves en Italie du Sud,
il y a plusieurs milliers d'années. Le paysage est dominé par
un imposant volcan projetant des cendres haut dans le ciel.
L'éruption finit par se calmer, la vie reprend ses droits.
Traverse les siècles ; tu as maintenant devant toi une belle cité
romaine nommée Pompéi, bâtie sur des terres fertiles au pied du
même volcan : le Vésuve. La ville respire la paix et la prospérité,
jusqu'à ce petit matin du 24 août, en l'an 79…
L'histoire que propose cet album ressemble à un voyage. Un
voyage pour lequel il est inutile de boucler ses valises, de monter
dans un train ou un avion… Un voyage où tu ne te déplaces pas,
sinon dans le temps ! À chaque fois que tu tourneras la page,
la date avancera de quelques heures, quelques jours, quelques
années ou quelques siècles. Les lieux seront toujours les mêmes,
et pourtant, que de changements à observer ! Chaque époque,
chaque arrêt sur image est comme un nouveau chapitre. L'éruption,
la pluie de cendres et de lave, l'explosion qui ravage la ville,
les siècles d'oubli, la mise au jour du site… autant d'étapes
que l'on découvre avec stupeur et admiration. Quelle histoire !

Utilise les onglets pour voyager dans le temps. Choisis l'époque que tu souhaites visiter et ouvre la page. Ainsi, les comparaisons sont aisées d'un tableau à l'autre, même lorsque des centaines d'années se sont déroulées. Sur chaque illustration, une petite flèche noire rappelle l'époque exacte à laquelle on se trouve.

Il y a 25 000 ans

L'âge glaciaire sévit sur une grande partie de l'Europe. Née aux abords du pôle Nord, une épaisse couche de glace s'est répandue, recouvrant d'immenses territoires. Sans toutefois atteindre ce qui constitue aujourd'hui l'Italie méridionale, où le climat est sec et frais. Dans de vastes prairies dépourvues d'arbres, des troupeaux d'antilopes paissent paisiblement. Soudain, la terre gronde, le sol tremble, le bruit devient assourdissant. La montagne qui surplombait la plaine et la mer explose brutalement, projetant haut dans le ciel une colonne de flammes, de cendres et de fumée. Épouvantées, les antilopes tentent de s'enfuir au milieu des projectiles incandescents qui tombent parmi elles.

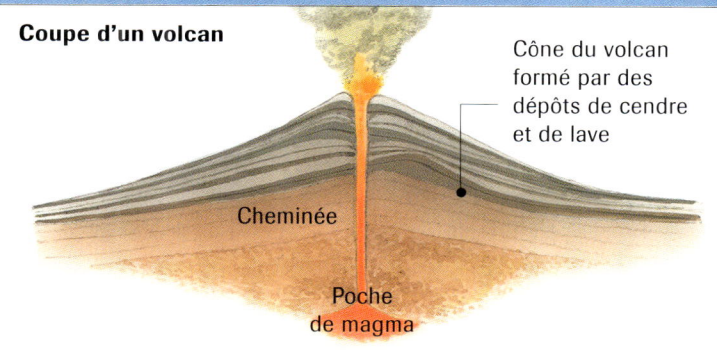

Coupe d'un volcan

Cône du volcan formé par des dépôts de cendre et de lave

Cheminée

Poche de magma

Une éruption volcanique

Sous l'écorce terrestre, on trouve une couche de roches en fusion, à l'état semi-solide : le magma. La plus grande partie du magma ne remonte pas à la surface et se transforme en roche solide, comme le granit. Mais il arrive qu'il s'élève à travers des fissures de l'écorce et jaillisse sous forme de lave et de gaz. C'est l'éruption volcanique. Quand le magma est fluide, presque liquide, la lave jaillit en fontaines et s'étale en vastes coulées. Quand le magma est pâteux et la pression des gaz très forte, l'éruption est explosive. Un volcan entre en éruption au cours de crises qui durent quelques jours, voire quelques mois, exceptionnellement quelques années, séparées par de longues périodes de repos de plusieurs siècles.

500 ans avant Jésus-Christ

Voilà bien longtemps que l'âge glaciaire est terminé. L'été est chaud et sec sur les plaines de Campanie, au sud de l'Italie.
Au pied du Vésuve, la terre fertile offre de belles récoltes ; depuis plusieurs siècles, le volcan semble endormi. Aussi les habitants de la région ne nourrissent-ils aucune crainte.

Pour eux, il s'agit d'une montagne presque comme les autres.
Dans quelques dizaines d'années, cette région d'Italie fera partie de l'Empire romain. Pour l'heure, elle vit sous une double influence : celle des Grecs et celle des Étrusques, un peuple du nord de la péninsule.

Vésuve

Pins parasols

Ferme

Porcherie

Vignes

Volcans en Méditerranée

À l'image d'un puzzle gigantesque, l'écorce terrestre est divisée en une douzaine de pièces distinctes, nommées les plaques. Loin d'être immobiles, ces plaques s'éloignent ou se rapprochent les unes des autres de manière permanente. Ces mouvements nous sont généralement imperceptibles, sauf quand la terre « se met en colère ». Les éruptions volcaniques et les tremblements de terre sont les conséquences directes du déplacement de ces plaques.

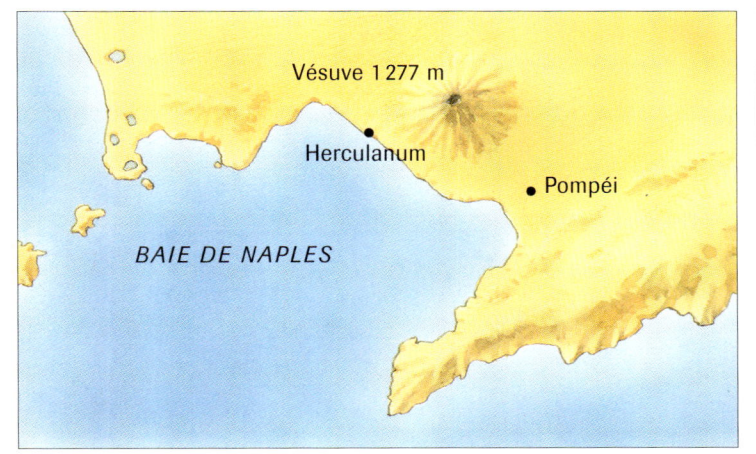

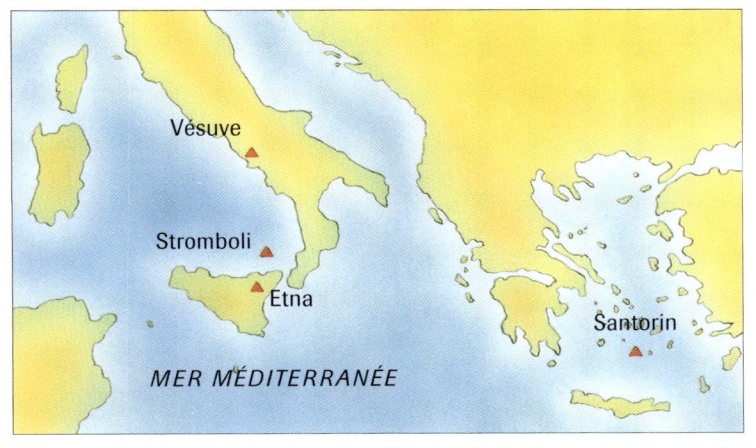

La baie de Naples

Voici un plan de la baie de Naples, au sud de l'Italie, dominée par la masse du Vésuve. Dotée d'un climat idéal et de côtes très découpées offrant un abri sûr aux bateaux, la région bénéficie de terres fertiles. C'est pourquoi, dès l'Antiquité, elle est très peuplée. Les villes d'Herculanum (jadis petit port de pêche) et de Pompéi sont bâties à proximité des flancs sud du volcan.

Il y a 25 000 ans

500 avant J.-C.

Temple étrusque

Bœufs de labour

9

24 août de l'an 79 ap. J.-C. 10 heures du matin

Un beau jour d'été s'est levé sur Pompéi. La ville bruisse de son activité coutumière. Sur la place du temple, les gens achètent des fruits et des légumes. Tout n'est pourtant pas comme d'habitude : le sol tremble légèrement, les chiens tirent sur leur laisse en aboyant, les ânes font preuve d'une agitation anormale, les oiseaux volent en tous sens…

Un paysan dont les champs s'étendent sur les flancs du Vésuve a ressenti une nette secousse, entendu comme un grondement ; il se précipite dans les rues de Pompéi pour raconter son histoire à qui veut bien l'entendre.

Vésuve

Arc de Caligula

IMP · CAESAR · DIV · GERMANICVS

Graffiti

Restauration rapide

Fontaine publique

Une ville romaine

Pompéi représente l'image la plus complète que nous puissions avoir d'une cité de l'Empire romain au Ier siècle. Forte d'environ 20 000 habitants, la ville est dirigée par quelques grandes familles de banquiers, de propriétaires terriens et de gros commerçants. Organisée en pâtés de maisons réguliers appelés *insulae* (îles), elle possède un vaste forum, deux théâtres, un amphithéâtre, plusieurs temples, des thermes… et des centaines de boutiques. Ornées de peintures murales, les demeures des riches s'organisent autour d'un jardin de fleurs où miroite une pièce d'eau. En 79, la plupart de ces bâtiments sont neufs car, seize ans plus tôt, Pompéi a été presque entièrement détruite par un violent tremblement de terre.

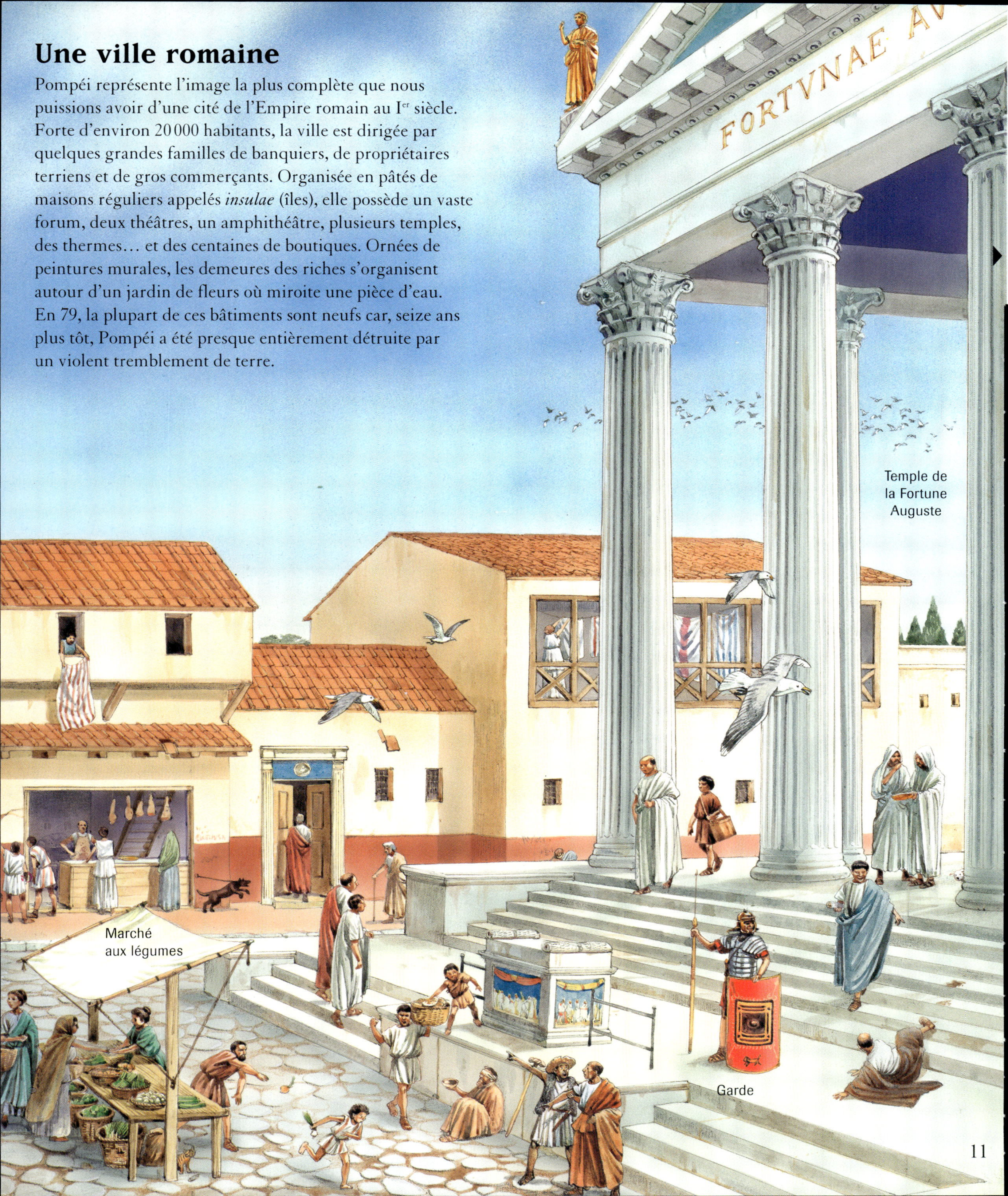

FORTVNAE AV

Temple de la Fortune Auguste

Marché aux légumes

Garde

11

Il y a 25 000 ans

500 avant J.-C.

24 août 79, 10 heures

Vue de loin, voici à quoi ressembla l'éruption du Vésuve. L'épais panache de fumée noire fut projeté très haut dans le ciel avant de s'étaler tel un gros nuage.

Deux heures plus tard...

Soudain, une explosion, dans un vacarme assourdissant… En ville, chacun se détourne de ses activités, sort de chez lui ou de sa boutique, cherche ce qui a pu provoquer un tel bruit… C'est le Vésuve ! Tournés vers la montagne, les Pompéiens sont stupéfiés par le spectacle qui s'offre à leurs yeux.

Juste après midi, l'amas de gaz mêlé au magma finit par exploser, ouvrant en deux le cratère du Vésuve. L'éruption projette une immense colonne de cendres, de pierres ponces et de roches ardentes jusqu'à une hauteur d'environ 20 kilomètres !

Vésuve

Arc de Caligula

IMP · CAESAR · DIV · GERMANICVS

Citadins observant l'éruption

Comme propulsée au-dessus du cratère, une colonne de feu s'élève dans le ciel, bientôt coiffée par un épais nuage noir. Aucune panique, pourtant, dans les rues de la ville. Les gens contemplent le volcan, comme incrédules. Personne n'a vraiment conscience du danger, nul ne cherche à fuir ou à trouver refuge en lieu sûr. Les plus anciens se souviennent du tremblement de terre, seize ans auparavant : c'était nettement plus effrayant !

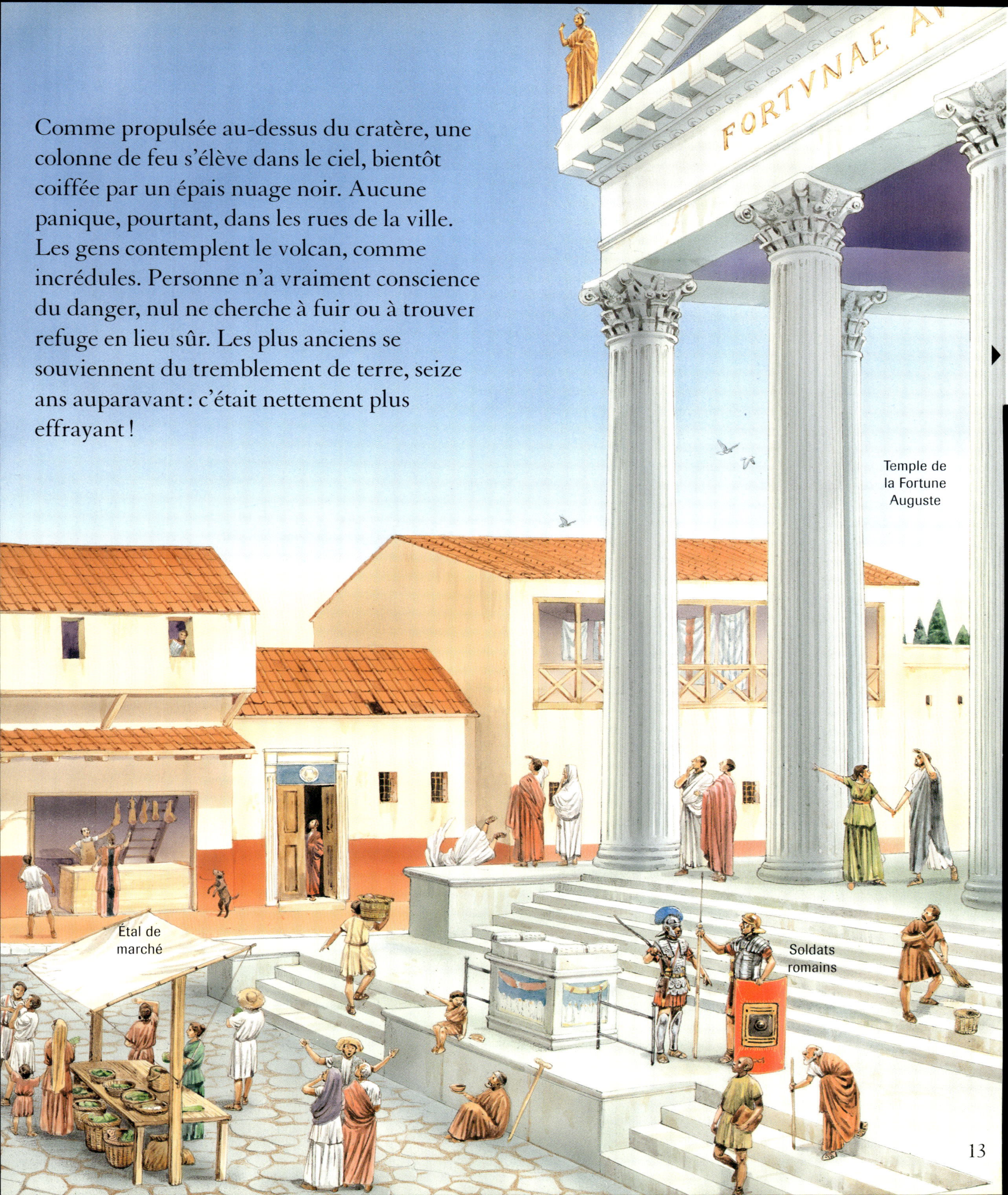

Il y a 25 000 ans

500 avant J.-C.

24 août 79, 10 heures

2 heures plus tard

FORTVNAE A

Temple de
la Fortune
Auguste

Étal de
marché

Soldats
romains

13

La nuée expulsée du Vésuve atteint son altitude maximale au bout d'une heure. Après quoi le vent la pousse en direction du sud-est, vers Pompéi. C'est alors qu'une pluie de lave tombe sur la ville.

Une heure plus tard...

Une pluie fine de pierres ponces s'abat sur Pompéi. Ces petits fragments de roche volcanique sont très légers et ne peuvent blesser personne. Les enfants s'en amusent, car ils peuvent glisser sur le sol ; les adultes trouvent cela moins drôle : certains commencent à s'inquiéter. Les plus avisés décident même de fuir.

Éclairs

Arc de Caligula

IMP · CAESAR · DIV · GERMANICVS

Vésuve

Pluie de pierres ponces

Car, loin de s'achever, l'éruption a repris de plus belle. Les détonations sont assourdissantes et de plus en plus rapprochées. L'épais nuage redescend maintenant et se dirige vers Pompéi. Chaque minute qui passe voit le ciel se voiler davantage, tandis que des éclairs crépitent dans l'obscurité. Poussées par le vent, les cendres tombent et commencent à s'accumuler sur le sol.

FORTVNAE A

Temple de
la Fortune
Auguste

Étal de
marché

Garde

Il y a 25 000 ans

500 avant J.-C.

24 août 79, 10 heures

2 heures plus tard

1 heure plus tard

15

Ce même après-midi…

La couche de lave et de cendres atteint maintenant près d'un mètre d'épaisseur, les projections redoublent d'intensité. Sous un tel poids, certains toits commencent à s'effondrer et plus personne ne se sent en sécurité. La panique gagne la ville.

En toute hâte, les gens rassemblent quelques biens, se fixent des coussins sur la tête pour se protéger, courent dans les rues… Impossible de monter à bord d'un char ou d'une charrette : les roues s'enfoncent trop profondément, immobilisant le véhicule.

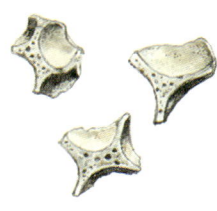

Cendres volcaniques vues au microscope : elles forment comme du sable ou de la farine. À proximité du Vésuve, elles étaient brûlantes. En parvenant à Pompéi, elles étaient sans doute tièdes. À Herculanum, mêlées à des pluies torrentielles, elles se transformèrent en une énorme coulée de boue qui ensevelit la cité.

Arc de Caligula

IMP·CAESAR·DIV·GERMANICVS

Habitants en fuite

Charrette immobilisée

16

En plein après-midi, il fait comme nuit sur Pompéi. Un chien enchaîné, oublié par son maître, aboie désespérément. Au pied du temple, le soldat de garde demeure à son poste, comme on le lui a ordonné ; mais tout autour de lui, on tente de fuir les cendres qui emplissent les yeux, la bouche, les poumons... Rares sont ceux qui décident de rester : ils prient les dieux pour que ce cauchemar prenne fin.

FORTVNAE

Certains toits s'effondrent

Épaisse couche de cendres

Soldat de garde

Il y a 25 000 ans

500 avant J.-C.

24 août 79, 10 heures

2 heures plus tard

1 heure plus tard

Dans l'après-midi

17

Le lendemain matin...

L'aube est là, mais Pompéi demeure dans l'obscurité et le silence. Deux mille personnes sont mortes, asphyxiées par les gaz et par la pluie de cendres. Mais un grondement retentit au loin. Un nuage rougeoyant apparaît sur les flancs du Vésuve et descend rapidement vers la ville.

Quelques survivants écarquillent les yeux: quelle est cette nouvelle catastrophe ? La réponse ne tarde pas, sous la forme d'une effrayante explosion. Hommes, bêtes et constructions: en un instant, tout est mis bas et s'effondre. Puis c'est une avalanche de cendres brûlantes qui déferle, emportant tout sur son passage. Pompéi n'existe plus !

On voit ci-dessus comment la colonne de cendres et de pierres ponces est retombée sur les pentes du Vésuve. Comme du lait qui déborde d'une casserole surchauffée, elle déferla alors sur Pompéi.

Les éruptions sont rarement aussi violentes et concentrées que celle de Pompéi. La lave et les panaches de cendre peuvent sortir par de simples fissures circulaires.

Le marbre se détache de l'arc

Nuée ardente

Le souffle de l'explosion fait des ravages

Une avalanche de feu

On pensait autrefois que Pompéi avait simplement été ensevelie sous les cendres lors de l'éruption de 79. On sait maintenant que le phénomène fut aggravé par une avalanche brûlante qui descendit les pentes du Vésuve avant de s'abattre sur la ville. Les spécialistes nomment « écoulements pyroclastiques », ou nuées ardentes, ces nuages de roches en feu à très haute température (plus de 300 °C), chargés de gaz et de pierres ponces. Selon le type d'éruption, ils peuvent s'élever haut dans le ciel (où ils se refroidissent), ou s'effondrer sur le flanc du volcan en avalanche de feu. Ils dévalent alors les pentes à près de 200 km/h, dévastant tout sur leur passage.

Le temple s'effondre

Les maisons sont pulvérisées

Il y a 25 000 ans

500 avant J.-C.

24 août 79, 10 heures

2 heures plus tard

1 heure plus tard

Dans l'après-midi

Le lendemain matin

19

Très tendres, les roches volcaniques peuvent être aisément creusées.

En Cappadoce, une région de la Turquie, s'élève un étrange ensemble de cônes et d'aiguilles, modelé par le vent, le gel et la pluie. Depuis 2 000 ans, des hommes ont utilisé cette architecture naturelle pour creuser des grottes et y aménager maisons et églises. Certains de ces cônes forment de véritables cités volcaniques à plusieurs étages.

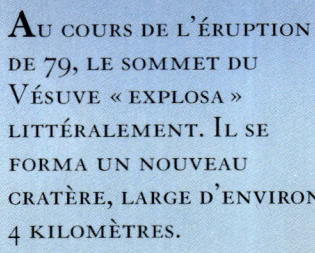

Au cours de l'éruption de 79, le sommet du Vésuve « explosa » littéralement. Il se forma un nouveau cratère, large d'environ 4 kilomètres.

Un an plus tard...

Ce paysage désolé est tout ce qui subsiste d'une cité florissante, forte de 20 000 habitants, entourée de riches terres agricoles et de vignes prospères.

Vésuve

Ravin

Rien ne semble devoir pousser sur ce linceul de matière grisâtre. D'ailleurs, personne n'y vient, sinon quelques chasseurs ou de rares curieux qui savent que, sous leurs pieds, repose Pompéi. Les ruines de la ville sont recouvertes par trois à six mètres de dépôts volcaniques.

Chaque fois qu'il pleut, le terrain devient boueux, l'eau ruisselle et creuse de véritables ravins dans la terre meuble. Çà et là émergent des troncs d'arbres dénudés…
Dans quelques années, pourtant, cette région redeviendra une campagne riante. Les sols volcaniques, incroyablement fertiles, porteront de beaux arbres et de splendides moissons.

Il y a 25 000 ans

500 avant J.-C.

24 août 79, 10 heures

2 heures plus tard

1 heure plus tard

Dans l'après-midi

Le lendemain matin

Un an plus tard

Pompéi, recouverte par la couche de cendres

Ravin

Chasseurs

Troncs d'arbres

21

Ces illustrations mettent en évidence les transformations du Vésuve au cours des ans. Ci-dessus, l'aspect probable du volcan avant l'éruption de 79.

La forme du cratère, immédiatement après l'éruption. Les flancs se sont évasés en forme de bol.

La dernière éruption du Vésuve (1944) a encore modifié son aspect.

L'ASPECT D'UN VOLCAN SE MODIFIE AU FIL DES SIÈCLES, EN FONCTION DE SON ACTIVITÉ. AINSI, UN NOUVEAU CÔNE VOLCANIQUE EST APPARU À L'INTÉRIEUR MÊME DU CRATÈRE DU VÉSUVE. TEL EST LE RÉSULTAT D'UNE FORTE MONTÉE DE MAGMA.

Douze siècles plus tard...

Recouverte par son manteau de cendres, comme rayée de la carte, Pompéi a disparu des mémoires. Les siècles ont succédé aux siècles, l'histoire a déroulé son fil : l'Empire romain s'est écroulé depuis longtemps. La vie, bien sûr, a repris ses droits en Campanie.

Vésuve

Pièce de monnaie

Tuiles brisées

Villes et villages se sont épanouis, tandis que les paysans profitent d'une terre fertile pour obtenir de somptueuses récoltes. Au sortir du Moyen Âge, les conditions de vie s'améliorent lentement.

De temps à autre, une tuile, une vieille pièce de monnaie, un tesson de poterie ou un fragment de colonne sont mis au jour. Mais qui s'en soucie ?

Le Vésuve après Pompéi

Après le désastre de 79, le Vésuve connaît de nombreuses colères. Jusqu'en 1139, sept éruptions sont enregistrées, puis suit une période de calme au cours de laquelle la montagne se couvre de cultures. Le 16 décembre 1631, le réveil est terrible : les nuées ardentes déferlent à nouveau sur la plaine ; 4 000 personnes périssent ce jour-là.

En 1794, une nouvelle éruption dévaste la petite ville de Torre del Greco, puis le volcan se manifeste à de nombreuses reprises, notamment en 1858, 1871, 1904…

Il se déchaîne encore en 1906, et la dernière en date de ses éruptions remonte à 1944.

Depuis, le Vésuve ne souffle plus que quelques fumerolles. Peut-on être certain qu'il s'est endormi ? Sûrement pas, car il peut s'écouler des dizaines ou des centaines d'années entre deux éruptions…

Il y a 25 000 ans

500 avant J.-C.

24 août 79, 10 heures

2 heures plus tard

1 heure plus tard

Dans l'après-midi

Le lendemain matin

Un an plus tard

En 1250

Fragments de colonnes

23

La découverte des cités ensevelies d'Herculanum et de Pompéi est le fruit du hasard. Des ouvriers trouvent des objets en creusant un tunnel, un paysan met la main sur des plaques de marbre gravées en forant un puits. Passionnés par ces trouvailles, les érudits du XVIIIe siècle entreprennent de véritables fouilles, prélude à l'archéologie moderne.

Les ruines de Pompéi fascinent tout de suite les artistes. Nombreux sont ceux qui viennent visiter le site, à la recherche d'un monde perdu.

En 1785

Venus de toute l'Europe, des voyageurs fortunés visitent les ruines de Pompéi. Car on le sait maintenant avec certitude : c'est une véritable cité antique qui est ensevelie au pied du Vésuve.

Certains visiteurs sont de simples chasseurs de trésor ; armés de pelles et de brouettes, ils creusent le sol à la recherche des « curiosités » qu'ils revendront à bon prix aux collectionneurs. Une fois mis au jour, les marbres, les statues

Vésuve

Dégagement d'un édifice

Chasseur de trésor

et les fresques sont détachés sans précaution…
et disparaissent on ne sait où. D'autres
hommes présents sur les lieux ont des motifs
plus nobles : historiens, artistes et savants,
ils cherchent à mieux connaître l'époque
romaine en étudiant ces ruines si bien cachées.

La découverte de Pompéi

Pendant des siècles, Pompéi demeure une cité fantôme.
On se doute bien que l'endroit a été bâti autrefois : ainsi,
en 1594, des ouvriers trouvent des objets en creusant un puits,
mais leur découverte n'intéresse personne. En 1710, pourtant,
les trouvailles se multiplient ; une inscription portant le nom
de Pompéi est mise au jour. Un aristocrate passionné par
l'Antiquité décide d'en savoir plus : il achète tous les terrains
où l'on a trouvé quelque chose et multiplie les fouilles !
Jour après jour, des traces de rues, d'édifices publics et
de simples maisons sortent de l'oubli. En 1738, les ruines
d'Herculanum, l'autre cité détruite par l'éruption du Vésuve,
sont découvertes. On décide alors de dégager complètement
le site de Pompéi.

Il y a 25 000 ans

500 avant J.-C.

24 août 79, 10 heures

2 heures plus tard

1 heure plus tard

Dans l'après-midi

Le lendemain matin

Un an plus tard

En 1250

En 1785

Collectionneur

Ruines d'une
colonnade

Cent ans plus tard...

Voici comment Fiorelli mit au point sa fameuse technique de moulage. Ci-dessus, une femme de Pompéi meurt ensevelie sous les cendres lors de l'éruption de 79.

La chair, les vêtements et souvent les os ont disparu. Mais il reste une forme vide à la place du corps, car les cendres se sont solidifiées autour. Fiorelli injecte du plâtre liquide dans la cavité.

Une fois le plâtre durci, Fiorelli peut détruire l'enveloppe de terre. Un moulage parfait apparaît, restituant les derniers mouvements de la victime, le moindre pli de ses vêtements. De nos jours, des matériaux transparents permettent même de voir les os !

Les ruines de Pompéi émergent progressivement du manteau de terre qui les a couvertes si longtemps. Un archéologue, Giuseppe Fiorelli, a été nommé par le roi d'Italie pour diriger les fouilles. C'est la garantie que celles-ci seront désormais menées de manière méthodique et scientifique. Pour commencer, Fiorelli divise Pompéi en régions et îlots et affecte à chaque maison un numéro d'identification. Ainsi, dès qu'un objet est trouvé, son emplacement précis peut être enregistré.

Arc de Caligula (sans son parement de marbre)

Vésuve

Évacuation des déblais

Dégagement des cendres volcaniques

Contremaître

Photographe

Pour éviter tout risque d'écroulement des maisons, il imagine de les faire fouiller en commençant par le toit et d'évacuer progressivement les gravats.
Des équipes d'ouvriers se chargent de cette tâche à l'aide de paniers en osier.
Sur l'ensemble du site, des contremaîtres s'assurent qu'aucun objet n'est volé…
Fiorelli met aussi au point une méthode de moulage qui permet de conserver les ultimes attitudes des Pompéiens surpris par la mort (voir ci-contre, dans la marge).
Les moindres détails de la vie quotidienne peuvent ainsi revenir à la lumière.

Il y a 25 000 ans

500 avant J.-C.

24 août 79, 10 heures

2 heures plus tard

1 heure plus tard

Dans l'après-midi

Le lendemain matin

Un an plus tard

En 1250

En 1785

En 1885

Contremaître

Artiste

Moulage en plâtre

27

Aujourd'hui

Les visiteurs affluent sur le site de Pompéi : ils sont près de deux millions chaque année, un plan à la main afin de se repérer parmi les ruines. En rangs serrés, ils parcourent la rue de l'Abondance, entrent dans les belles demeures, admirent les peintures, s'assoient sur les gradins du théâtre, frémissent à la vue des morts statufiés. Des guides tentent de canaliser la foule, de répondre aux questions, d'éviter le vandalisme…

Car Pompéi est un site en danger ; victime du Vésuve en 79, la cité est aujourd'hui menacée par d'autres fléaux : l'humidité, la pollution, la marée touristique… autant de risques pour des ruines fragiles, ouvertes au vent, à la pluie et à la malveillance.

Les objets trouvés à Pompéi nous renseignent utilement sur la vie à l'époque romaine. Transformés en pierres, certains aliments sont même parvenus jusqu'à nous.

Les moulages de Fiorelli concernent aussi les animaux. Ce chien a trouvé la mort alors qu'il tentait de se libérer de sa chaîne.

Comme tout l'Empire romain, Pompéi raffolait des combats de gladiateurs. Les archéologues ont dégagé l'amphithéâtre (qui pouvait accueillir 12 000 spectateurs) et la caserne des gladiateurs. Sur place, on a retrouvé de nombreuses armes et des peintures évoquant les combats.

Vésuve

Arc de Caligula

Fontaine publique

Quelle émotion, pourtant, de découvrir ce lieu magique, de profiter du beau soleil de la Méditerranée en sachant qu'au même endroit, il y a bientôt deux mille ans, la mort tomba sous la forme d'un déluge de feu et de cendres. Nombreux sont ceux qui se demandent comment on vivait là, à quoi ressemblaient les lieux avant la catastrophe, ce que firent les gens pour tenter de fuir… Autant de questions dont tu connais les réponses, toi qui tiens ce livre entre les mains !

La rue de l'Abondance

Comme dans toutes les villes romaines, le commerce à Pompéi se concentrait dans certaines artères. La rue baptisée par les archéologues « rue de l'Abondance » était celle qui abritait le plus grand nombre de boutiques. Chaque maison bordant cette longue voie sur les deux côtés possédait un ou deux commerces avec une salle ouvrant sur le trottoir dont elle était séparée par un comptoir. Grâce au mobilier et aux inscriptions, on a pu identifier plusieurs marchands de grains et de légumes secs, des quincailliers, un blanchisseur, une boulangerie, un fabricant de lampes, un tisserand, trois auberges et même des thermes privés.

Il y a 25 000 ans

500 avant J.-C.

24 août 79, 10 heures

2 heures plus tard

1 heure plus tard

Dans l'après-midi

Le lendemain matin

Un an plus tard

En 1250

En 1785

En 1885

Aujourd'hui

Kiosque

Temple de la Fortune Auguste

Garde

29 ▶

Glossaire

Âge glaciaire Période de l'histoire de la Terre caractérisée par l'omniprésence des glaces venues des régions polaires. Le dernier âge glaciaire, commencé il y a 2 millions d'années, s'est probablement achevé il y a quinze mille ans environ.

Amphithéâtre Aux époques grecque et romaine, arène ovale ou circulaire accueillant les combats de fauves et de gladiateurs. Dans les plus vastes, plusieurs dizaines de milliers de spectateurs peuvent prendre place.

Archéologue Savant qui étudie et reconstitue les civilisations du passé à partir d'éléments trouvés dans le sol ou dans la mer, lors de fouilles.

Cendres volcaniques Lave qui a été réduite en poudre par la force de l'explosion volcanique.

Cratère Ouverture évasée au sommet d'un volcan, par laquelle s'échappent les projections et les laves.

Éruption Émission, souvent brutale, de matériaux volcaniques (projections, lave, gaz, pierres ponces) à la surface de la Terre.

Fertile Se dit d'un sol ou d'une région qui peut donner d'abondantes récoltes. Les régions volcaniques sont réputées très fertiles.

Forum Dans une ville romaine, place principale où le peuple s'assemble. C'est à la fois le centre religieux, le centre commercial, le centre des affaires et de la vie publique.

Fumerolles Émissions gazeuses d'un volcan. Fumées légères qui s'échappent du cratère.

Gladiateurs Hommes (souvent esclaves ou prisonniers de guerre) qui, à Rome, combattaient les fauves ou d'autres gladiateurs lors des jeux du cirque.

Graffiti Mot italien signifiant inscriptions, dessins griffonnés à la main sur un mur.

Gravats Débris provenant d'une fouille, d'une démolition ou d'une destruction.

Incandescent Une roche incandescente est lumineuse en raison de sa température très élevée.

Lave Matière en fusion émise par un volcan. La lave se solidifie en refroidissant et forme une roche volcanique.

Magma Mélange de roches fondues qui se forme à l'intérieur de la Terre, sous la croûte solide.

Nuée ardente Apparition d'un nuage de gaz à très haute température qui s'écoule le long du volcan. Ce nuage est chargé de cendres incandescentes et de diverses matières rocheuses surchauffées. On parle aussi d'écoulement pyroclastique.

Pierre ponce Roche volcanique poreuse formée lors du refroidissement de lave riche en gaz. C'est pourquoi elle est très légère mais très dure.

Plaques tectoniques Ensemble des unités rigides, épaisses d'environ 100 km, qui forment l'enveloppe externe de la Terre. On dénombre une douzaine de plaques principales, animées de mouvements permanents. La plupart des volcans sont groupés le long des fractures de l'écorce terrestre.

Thermes Établissement de bains publics dans les villes romaines.

Volcan actif Volcan en période d'éruption ou qui menace d'entrer en éruption.

Volcan endormi Volcan qui ne connaît plus de périodes actives, mais qui pourrait se réveiller un jour ou l'autre.

Volcan éteint Volcan dont tout laisse à penser que son activité est définitivement terminée.